ARMORIAL

DES COMMUNES DU DÉPARTEMENT

DE LA SEINE

PARIS

—

MCM

ARMORIAL

DES COMMUNES DU DÉPARTEMENT

DE LA SEINE

ARMORIAL

DES COMMUNES DU DÉPARTEMENT

DE LA SEINE

PARIS

—

MCM

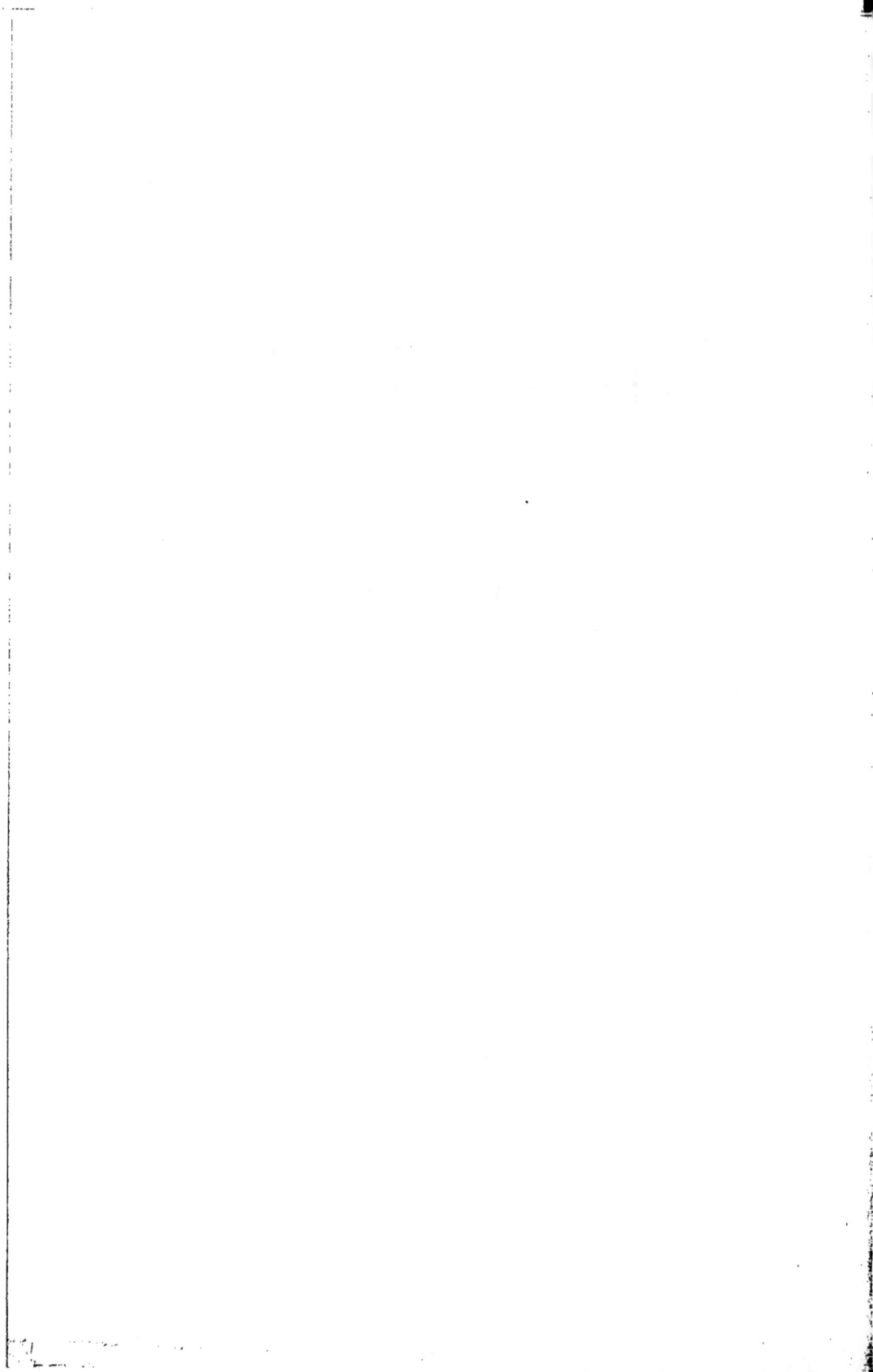

NOTES PRÉLIMINAIRES

nisées, chacune d'elles fut naturellement portée à
choisir un signe distinctif qui la différenciât de ses
voisines ; c'est un mouvement parallèle à celui qui
se produisit pour les seigneurs, quand, à l'époque
des Croisades, ils se firent reconnaître de leurs
vassaux par une marque, très simple au début,
puis plus compliquée plus tard ; ce sont ces distinctions qui, codifiées, assujetties à des règles
fixes, ont donné naissance aux armoiries. Le
premier traité de blason que l'on connaisse fut
offert au roi Philippe-Auguste.

Mais, au contraire des emblèmes des seigneurs dont l'origine était toute guerrière, les
sceaux des communes sont de nature tout à fait
pacifique.

Lorsque la commune fut créée, il devint
nécessaire que les actes officiels, les chartes,
portassent une empreinte reconnaissable ; d'où,
les premiers sceaux, qui représentent le plus
souvent le maïeur, le prévôt, debout sur les
remparts de la ville ou assis et rendant la justice.

Jusqu'au XVIe siècle, les armoiries étaient
figurées par ces personnages représentés en buste
ou en pied et symbolisant les échevins, les
capitouls, les consuls, les maires.

Lorsque la mode de prendre des armoiries
se fut généralisée, les villes modifièrent leurs
sceaux dans un sens plus conforme aux règles
héraldiques.

A ce moment, les municipalités de l'époque

choisirent des emblèmes allusifs à la signification du nom, à la situation topographique de la ville, à la corporation la plus florissante, aux armes du seigneur, aux attributs du patron, à un fait historique ou au commerce et à la production.

Comme exemple d'emprunts faits à la signification du nom, nous trouvons Fontenay-le-Comte qui possède une fontaine dans ses armes; Lyon, un lion, et un chef de France, concession de Philippe le Bel; Reims, des rinceaux, appelés reims ou guirlandes de feuillages; Rethel, une R majuscule et trois râteaux; Bayeux, un B et un X d'or au-dessus d'un lion léopardé de même sur champ d'azur; Pont-de-l'Arche, un pont à trois arches; Quillebœuf, un bœuf; Coulommiers, un colombier; Châteauroux, un château; Laigle, un aigle; Conches, des coquilles; Châtillon (Seine), un château fort; et, comme rébus héraldique, très fréquent aussi dans les blasons des familles, Fécamp porte trois tentes d'or sur champ de sinople (trois tentes, cela fait camp); Sablé, un château de sable; Saint-Maurice (Seine), le cavalier de la légion thébaine qui devint saint Maurice; Charenton-le-Pont, un pont; Kremlin-Bicêtre, la forteresse sainte de Moscou; Les Lilas, des fleurs de lilas dans l'écu et une branche de lilas feuillée et fleurie pour support.

La situation topographique a fait prendre à Montivilliers, sur la Lézarde, un lézard; à Arcueil, un aqueduc, en souvenir du monument le plus important de son territoire ; à Vincennes, un donjon et trois boulets, pour rappeler la garnison d'artillerie qui réside depuis longtemps dans le pays; Le Perreux a, dans une de ses écartelures, le viaduc construit en 1852; Nogent-sur-Marne porte un N gothique, initiale du nom de la commune, accosté de deux tours, en souvenir des anciens châteaux de Beauté et de Plaisance qui furent fréquemment le séjour des rois de la troisième race, et une rivière pour symboliser la Marne.

Les corporations ont aussi fourni des emblèmes aux communes. Les armes de Rouen, qui sont : de gueules, à l'agneau pascal d'argent, avaient jadis pour pièce principale un léopard ; mais, lorsque l'administration municipale se démocratisa, la corporation des marchands drapiers, toute-puissante à Rouen, ayant pour armes un mouton au lainage emblématique, l'imposa à la commune.

Le navire de Paris est un souvenir de l'ancienne corporation des Nautes, nautonniers ou bateliers, dont l'origine remonte à l'occupation romaine, et même à la Gaule indépendante. Cette nave figurait déjà au moyen âge sur le sceau et la bannière de la Marchandise de l'eau.

Certaines villes ont conservé, en les modifiant, les armes de leur ancien seigneur :

Château-Porcien porte, sur un champ de sinople, les armes entières des Mazarin, avec la couronne et le manteau, mais soutenus d'un porc

d'or, par allusion au nom de la ville; presque
toutes les villes importantes de Bretagne: Nantes,
Brest, Rennes, Quimper, ont des hermines parmi
d'autres meubles; Vannes a une hermine même;
Coucy porte les armes légèrement changées des
anciens et illustres Enguerrand de Coucy;
Fontenay-sous-Bois a le rais pommeté et fleur-
delisé de l'abbaye de Saint-Victor, longtemps
propriétaire du pays; Sceaux a réuni dans son
blason en se les rendant personnelles par l'adjonc-
tion, en cœur, d'un S majuscule, les armes des
plus célèbres possesseurs de la terre et du château: les Colbert, Bourbon-du-Maine, Bourbon-
Penthièvre et Mortier de Trévise.

Les attributs du patron se retrouvent dans
les armes de Bazas, qui porte une décollation
de saint Jean-Baptiste; de Saint-Quentin, qui a
un buste de saint auréolé d'argent sur champ
d'azur.

Les faits historiques ont fourni un grand
nombre d'allusions héraldiques:

Le chardon de Nancy avec la devise: « Qui s'y
frotte s'y pique », conserve le souvenir de la
défense de la ville contre Charles le Téméraire
et la mort que le prince trouva sous ses murs.
Saint-Germain-en-Laye porte: d'azur, au berceau
semé de fleur de lis d'or, accompagné en chef d'une
fleur de lis aussi d'or et, en pointe, de la date:
« 5 septembre 1638 », de même. Ce fut Louis XVIII
qui accorda ces armes à Saint-Germain-en-Laye,

à cause de la naissance de son aïeul Louis XIV. Avant la Révolution, enclavée dans le domaine royal, cette ville ne possédait pas de blason.

Le Havre, qui doit beaucoup à François Ier, dont une tour, démolie vers le milieu du siècle, pour faciliter l'entrée du port, avait conservé le nom, porte, sous un chef de France, une salamandre, emblème du vainqueur de Marignan. Calais a ses armes flanquées de chaque côté d'une croix de Lorraine, pour rappeler que c'est un prince de la maison de Lorraine, le duc François de Guise, qui la délivra du joug des Anglais.

Douai porte : de gueules, au cœur saignant d'or, percé d'une flèche posée en bande et mouvant de dextre, et surmonté d'un D gothique d'or. Ses armes étaient à l'origine : de gueules plain ; mais la plupart de ses habitants périrent au combat de Mons-en-Puelle, et, pour perpétuer la mémoire de cette catastrophe, elle modifia son blason en ajoutant sur le champ de gueules un cœur percé d'une flèche et d'où tombent des gouttes de sang : la lettre D est l'initiale du nom de la ville.

Arles en Provence porte : d'argent, à un lion accroupi d'or, avec la devise appropriée : *Ab irâ leonis,* armes à enquerre, c'est-à-dire fausses, suivant les règles du blason qui défendent de mettre métal sur métal ou couleur sur couleur ; il faut donc s'enquérir des raisons qui ont motivé cette infraction et l'on en trouve qui remontent à la plus haute antiquité.

Ce lion et la devise se voyaient sur l'enseigne de la sixième légion romaine, laquelle fournit une colonie qui vint s'établir à Arles, sous le commandement de Claude Tibère Néron, père de l'empereur Tibère, quarante-trois ans avant l'ère chrétienne. En 1816, on ajouta un franc-quartier, à dextre, d'azur, à la fleur de lis d'or.

Nîmes porte : de gueules, au crocodile de sinople, enchaîné et colleté d'or, attaché à un palmier terrassé et soutenant une couronne de laurier de sinople, placé entre les lettres Col. et Nem. d'or ; l'origine s'en trouve dans une ancienne médaille de la colonie romaine de Nîmes, Colonia Nemensensis Augusta. L'autre face de cette médaille présente les bustes d'Auguste et d'Agrippa qui prirent, après la bataille d'Actium, une grande part à la fondation de la colonie de Nîmes par des vétérans de l'armée d'Afrique. La médaille fut découverte en 1535, et, en 1561, François Ier avait concédé à la ville, comme blason, un taureau d'or sur champ d'azur, auquel on s'empressa de substituer les armes actuelles, dont l'origine est plus glorieuse.

Cognac porte l'image de François Ier qui y est né et qui y tint une assemblée de notables.

Les armes du Mans sont : de gueules à la croix d'or, chargée d'une clef contournée, en pal, et cantonnée de quatre chandeliers d'église, de sable. Le gueules symbolise ses murailles de briques.

Bourges, Lyon, Le Mans avec Limouges,
Furent jadis les quatre villes rouges.

La clef rappelle que la ville fut une des premières à ouvrir ses portes à Henri IV, en 1589, et que, plus tard, elle fut visitée par Louis XIII, à qui on présenta les clefs.

Les armes de Valenciennes étaient ancienne-ment : parti, au 1 de gueules, au lion d'or, au 2 d'azur au cygne d'argent, nageant sur une onde de sinople. Le lion est celui des comtes de Flandre ; quant au cygne, c'est une allusion au nom de Valenciennes, qui s'est jadis appelé Vol-aux-Cygnes.

Montpellier a dans ses armes un tourteau de gueules, parce que Jacques Ier, roi d'Aragon, seigneur de Montpellier, donna aux bourgeois de la ville le droit de battre monnaie.

Le duc d'Orléans, plus tard Louis XII, auto-risa la ville de Blois, par acte du 28 septembre 1492, à mettre dans ses armes une fleur de lis entre le loup qui rappelle l'étymologie de Blois, «bleiz» en celtique signifiant loup, et le porc-épic, emblème des ducs d'Orléans. Sous l'empire, le Conseil municipal délibéra (25 juillet 1812) de remplacer la fleur de lis par une abeille. Ce vœu ne fut pas suivi d'exécution. En 1817, Louis XVIII autorisa la ville à reprendre ses armes anciennes qu'elle porte encore actuellement : d'argent, à l'écusson d'azur en abîme, chargé d'une fleur de lis d'or, accosté à dextre d'un loup et à sénestre d'un porc-épic de sable, contre-rampants et accolés.

Angers porte une clef d'argent, en mémoire, dit-on, de son ancienne position sur la frontière de France, dont elle était la clef avant la réunion de la Bretagne à la couronne.

Dans les armes de Tarascon figure un dragon monstrueux à six jambes de sinople avec le dos couvert d'écailles d'or, et dévorant un homme.

Ce monstre est la Tarasque, qui désolait jadis la ville ; c'est en souvenir d'elle que les Tarasconais ont représenté son effigie dans leurs armes.

Plus rarement l'industrie, le commerce ou les productions locales ont donné naissance aux blasons municipaux. Nous trouvons cependant Roubaix qui porte : d'azur, au rôt de sable ; le rôt est le châssis des tisserands à travers duquel passent les fils de la chaîne d'une étoffe, souvenir du métier de la plupart des habitants. Dunkerque a des maquereaux, et Poissy un poisson, tous deux rappelant l'industrie de la pêche à laquelle se livrent les riverains ; la dernière contient une allusion au nom de la commune.

Asnières a une barque qui rappelle le canotage et Gentilly une fourrure d'hermine, à cause de l'industrie des peaux sur la Bièvre.

En dehors de l'écu proprement dit, pièce principale du blason et qui devrait toujours résumer à lui seul l'origine ou l'histoire de la cité, quelques villes, sans parler des couronnes murales qui timbrent presque toutes les armoiries municipales avec plus ou moins d'exactitude et de raison, ont adopté, soit une devise, soit des branches de chêne, d'olivier, ou des palmes qui contournent l'écusson, soit encore, mais en très petit nombre, des supports, figures emblématiques qui semblent tenir, garder, supporter l'écu.

Nous avons vu que Saint-Germain-en-Laye porte, dans le corps de l'écusson même, ce qui n'est pas du reste la place exacte de la devise, la date de la naissance de Louis XIV; Nancy avec le « Qui s'y frotte s'y pique » n'est pas pour enhardir les nouveaux Téméraire; l'île d'Aix a toute une phrase rappelant le séjour qu'y fit Napoléon Ier. Pour Castres c'est: « Debout »; Saint-Denis porte fièrement l'antique: «Montjoye Saint-Denys». Sceaux, moins belliqueux, déclare se souvenir de ses bienfaiteurs; Courbevoie fait allusion à son nom et à ses armes, à la fois. Le Perreux se glorifie de sa persistance à vouloir être. Saint-Ouen a pris la devise de l'ordre de l'Étoile, de durée éphémère, pour avoir été trop prodigué, qui y fut institué par Jean le Bon.

Enfin Paris a son célèbre *Fluctuat nec mergitur*.

Parmi les villes qui possèdent des devises, on peut encore citer: Compiègne, Amiens, Rodez,

Dôle, Sarrebourg, Montbrison, Agen, Péronne,
Sens, Beaune, Marseille, Vienne, Reims,
Abbeville, Besançon, Montbéliard, Sarlat.

Mais ce n'est qu'un petit nombre sur la très
grande quantité de villes possédant des armoiries.

Plus rares encore sont les villes qui ont des
supports, dont l'emploi remonte au XVe siècle :
Paris, dans ses monuments, encadre souvent son
glorieux écusson des figures symboliques de la
Seine et de la Marne, et aucun choix n'est mieux
justifié ; mais cette adoption n'est pas officielle et
reste dans le domaine de l'architecture proprement dite.

Avignon a deux gerfauts qui s'accrochent du
bec et des griffes à son écu de gueules à trois
clefs d'or en fasce ; la devise : *Unguibus et rostro*
en complète le sens. La Rochelle a deux dauphins,
emblème de sa situation maritime sur l'Océan ;
Bâle, deux dragons ; Bordeaux, deux béliers,
changés depuis en deux cornes d'abondance.

Sous l'ancienne monarchie, un certain
nombre de cités avaient le privilège d'être représentées par leurs maires au sacre des rois de
France, dans la cathédrale de Reims.

Elles étaient appelées bonnes villes et portaient
de ce fait, dans leurs armes, un chef d'azur, à
trois fleurs de lis ou semé de fleurs de lis d'or,
ainsi qu'on le voit par ce blason de la ville de
Rouen : de gueules, à l'agneau pascal d'argent,
la tête contournée, tenant une croix d'or, à la

banderole d'argent chargée d'une croisette d'or ; au chef cousu de France. Quelques villes prirent le chef de France sans avoir le titre de bonne ville; telles, Meaux, qui porte, parti : de gueules et de sinople, à un M gothique d'or brochant et un chef de France ancien ; Auray, qui a pour armoiries : de gueules, à une hermine passant d'argent, colletée d'une écharpe d'hermine flottant sur ses épaules ; au chef cousu de France. Cela dura jusqu'à la Révolution.

Au début de la Révolution, les armoiries communales reprirent un éclat nouveau sous le souffle d'indépendance qui agitait alors la France.

Ces emblèmes, considérés à juste titre comme des témoignages de gloire et de liberté, furent exhibés avec plus d'enthousiasme que jamais.

Toutes les villes tinrent à honneur d'orner de leur blason les drapeaux de leurs gardes nationales, les boutons de leurs habits, etc.

En 1804, le nombre des bonnes villes fut fixé à trente-six : Aix, Anvers, Bruxelles, Gand, Liège, Genève, Mayence et Nice en faisaient partie.

Les villes furent alors partagées en trois classes, dont chacune eut un signe héraldique intérieur et un ornement extérieur particulier.

Celles du premier ordre : bonnes villes que les maires représentaient au sacre, chef de gueules, chargé de trois abeilles d'or.

Villes de deuxième ordre, dont les maires

nommés par l'empereur n'assistaient pas au sacre : franc-quartier à dextre d'azur, chargé d'une N d'or surmontée d'une étoile rayonnante de même.

Villes de troisième ordre, dont les maires nommés par les préfets n'assistaient pas au sacre : franc-quartier à sénestre de gueules, chargé d'une N d'argent surmontée d'une étoile rayonnante de même.

Cette réglementation n'a pas survécu au régime qui l'avait imaginée.

On voit au musée de Versailles quarante X en tapisserie de Beauvais, datant de la Restauration et provenant de l'ancienne salle du trône du palais des Tuileries, portant chacun les armes d'une des quarante bonnes villes avec l'écu accolé de deux branches de lis fleuris au naturel.

Louis XVIII autorisa les villes à reprendre les armes que leur avaient accordées ses prédécesseurs.

A l'exception d'une vingtaine, les villes reprirent toutes leurs anciennes armes.

En 1830, Louis-Philippe ne s'occupa pas des armoiries des villes ; mais la plupart, avant même qu'il fût pris aucune mesure à cet égard, s'empressèrent de faire disparaître le chef aux fleurs de lis et le remplacèrent par un chef chargé d'abeilles ou d'étoiles ou par un tiercé en pal d'azur, d'argent et de gueules, qui était un hommage rendu au drapeau tricolore.

Autrefois, les particuliers ne pouvaient pas

prendre les armoiries des villes pour en faire une enseigne commerciale. Ce droit était très rarement accordé par les officiers municipaux et fut refusé à un grand nombre de corporations ouvrières.

En 1781, le 22 avril, un sieur Joseph Court, maître ramoneur, demanda la liberté de faire sa résidence à Bernay, ainsi que ses enfants, avec la permission de porter les armes de la ville à leurs chapeaux ou bonnets ou à leurs boutonnières.

Cela leur fut accordé spécialement.

Plus récemment, les armoiries des villes ont obtenu des distinctions destinées à honorer tous leurs habitants. Treize villes, en France, ont le droit d'ajouter à leurs armes l'étoile de la Légion d'honneur : Chalon-sur-Saône, Tournus et Saint-Jean-de-Losne en mai 1815, avec confirmation en 1831, Roanne en mai 1864, Châteaudun en 1879, Belfort et Rambervillers en août 1896, Saint-Quentin en juin 1897, Dijon en mai 1899 et, en octobre 1900, Paris, Bazeilles, Lille et Valenciennes.

Les habitants de Chalon-sur-Saône, lors de l'invasion de 1814, avaient rompu deux arches du pont, et tinrent deux jours en échec une division autrichienne. En 1814 également, Roanne, avec une très faible garnison, s'était défendue pendant deux mois contre 12.000 Autrichiens et, en 1815, ses habitants s'étaient levés en masse contre les insurgés du Midi, au premier avis du danger qui menaçait. C'est aussi pour faits de guerre à la même époque que les armes de Tournus se sont enrichies de la décoration de la Légion d'honneur.

La guerre de 1870 est encore trop près de nous pour qu'il soit nécessaire de rappeler les héroïques résistances de Châteaudun, de Belfort, qui y gagna de rester français, et les faits d'armes, dignes d'un meilleur succès, accomplis à Rambervillers, Saint-Quentin et Dijon.

Il est peu de symboles aussi magnifiques que cette marque d'honneur accordée à toute une population, et c'est à juste titre que Paris et Bazeilles, pour leur défense en 1870, avec Lille et Valenciennes, que des décrets de la Convention avaient déjà déclaré avoir bien mérité de la patrie, ont reçu la même récompense.

On pourrait s'étonner à bon droit qu'un travail consacré aux armoiries des communes de la Seine ne fasse pas mention de la plus illustre, de Paris. Mais il existe, sur les armoiries de la ville de Paris, l'ouvrage de Coëtlogon et Tisserand, définitif malgré quelques erreurs dont nous signalerons l'une dans la notice consacrée à Asnières. Nous y avons eu souvent recours, ainsi qu'à l'armorial national de Traversier et aux travaux de Gourdon de Genouillac sur la science héraldique.

Mais l'ouvrage de Coëtlogon et Tisserand s'arrête à 1874 et, depuis cette époque, l'histoire des armoiries de Paris s'est augmentée d'une page qui n'est pas la moins intéressante. En 1874, les armes de Paris étaient ainsi fixées depuis 1853 : de gueules, au navire équipé d'argent, voguant sur des ondes de même ; au chef cousu de France ancien, c'est-à-dire semé de fleurs de lis d'or, dont trois seulement entières, ce qui devrait être partout la véritable forme du semé de France ; l'écu timbré d'une couronne murale de quatre tours d'or, et pour devise : *Fluctuat nec mergitur,* dont l'origine remonte à 1580, mais qui a été employée dans les fêtes en même temps que beaucoup d'autres ; elle n'a été consacrée devise officielle de la ville et faisant partie intégrante de son blason que depuis la même date de 1853.

En 1879, lorsqu'il fallut décider le dessin des armes à faire figurer dans le nouvel Hôtel de Ville, M. Hovelacque, conseiller municipal, demanda, le 31 mai, que la ville reprît pour ses armoiries le bateau antique de 1200 et supprimât les fleurs de lis.

Le 14 février 1880, M. Ulysse Parent fit un rapport en réponse à cette demande. En voici les principaux passages :

« La forme du vaisseau qui figure sur notre écusson n'a jamais été déterminée ; elle a varié de siècle en siècle et a même pris plusieurs fois en un siècle les aspects les plus divers. On ne saurait pas s'en plaindre, puisque ainsi un champ plus vaste a été laissé à l'imagination et au goût de l'artiste sculpteur ou peintre chargé de le reproduire sur la toile. Quant à la suppression des fleurs de lys qui surmontent l'écusson, il y a là une sorte d'anachronisme à voir figurer dans les armes d'une ville essentiellement républicaine un emblème rappelant les traditions monarchiques. Mais les fleurs de lys représentent l'unification des provinces françaises soumises à une autorité nationale.....»

Ce rapport concluait au maintien de l'écu de la ville de Paris sans changements; il fut adopté et le Conseil municipal décida qu'il n'y avait pas lieu de modifier l'écusson municipal, et c'est sous cette forme, la seule conforme à la vérité du blason et de l'histoire, qu'elles figurent sur les portes monumentales de l'Hôtel de Ville et timbrent tous les actes et documents municipaux.

On trouvera, dans les notices particulières qui suivent, ainsi que dans les dessins des blasons, la justification et l'application de la méthode que nous avons essayé de déduire d'un assez grand nombre d'ouvrages difficiles à consulter, où elle est quelque peu éparse, et de condenser sous une forme aussi nette et succincte que possible.

Edmond BLANCHARD.

ARCUEIL-CACHAN

ES *armes d'*Arcueil-Cachan *se com-posent de deux écussons accolés : à dextre,* Arcueil *porte : écartelé, au 1 et au 4 d'azur, à l'aqueduc de trois arches d'argent, maçonné et ajouré de sable, sur une terrasse de sinople, pour* Arcueil *; au 2, d'azur, à trois fleurs de lis d'or, qui est* de France *; au 3, d'or, à cinq tourteaux de gueules rangés en orle, sur-montés d'un plus grand tourteau d'azur, à trois fleurs de lis d'or, qui est* de Médicis.

A sénestre, Cachan *porte : écartelé, au 1 et au 4, d'azur, semé de fleurs de lis d'or, qui est* de France ancien *; au 2 et 3, d'argent, à l'aigle éployée de sable, becquée et membrée de gueules, à la cotice de même, brochant sur le tout, qui est* Du Guesclin.

Les deux écussons accolés par la pointe et sommés d'une couronne murale de cinq tours.

L'aqueduc rappelle le monument le plus important de la commune d'Arcueil, œuvre de Jacques de Brosses ; déjà, au IVe siècle de notre ère, les Romains avaient édifié, pour alimenter d'eau le palais des Thermes, un aqueduc dont une

arche existe encore. *Les armes de France et de Médicis fixent le souvenir de la pose de la première pierre de l'aqueduc, le 17 juillet 1613, par Louis XIII et Marie de Médicis, régente.*

Charles V donna le château de Cachan à Bertrand Du Guesclin, connétable, d'où le semé de France ancien et le blason de Du Guesclin.

ASNIÈRES

ASNIÈRES *porte : de gueules, à la barque équipée d'argent, voguant et flottant sur des ondes du même ; au chef d'or, chargé de trois fleurs de chardon au naturel, tigées et feuillées de sinople ; au franc-quartier d'azur, à deux léopards couronnés d'or, qui est* DE VOYER D'ARGENSON.

L'écu, posé sur un cartouche de style Renaissance, est sommé d'une couronne murale de trois tours d'or.

La barque rappelle le canotage, qui fit jadis la réputation d'Asnières et, avec le fond de gueules et la rivière, la Seine, les armes de Paris ; les trois fleurs de chardon symbolisent l'étymologie du nom de la commune « Asinaria », l'ancien haras d'ânes ; le franc-quartier brochant vient témoigner que les de Voyer d'Argenson furent seigneurs d'Asnières.

Sur la foi de la planche II du tome second de l'ouvrage de Coëtlogon et Tisserand sur les armoiries de la ville de Paris, Asnières avait d'abord songé à adopter une empreinte un peu confuse du sceau d'Asnières où l'on distingue un

personnage tenant une fleur de lis d'une main et accosté, à dextre, d'une autre fleur de lis, et représenté debout entre deux ânes cabrés ; en exergue + Sigillum communie de Asnieres.

Or, il résulte de recherches faites aux archives de la Seine que cette empreinte se rapporte à Asnières-sur-Oise.

En effet, la description et la date : 1259, que donne l'inventaire des sceaux de Douët d'Arcq et la lettre de M. Frédéric Masson, maire d'Asnières-sur-Oise, consulté, ne laissent aucun doute à cet égard.

M. Edme Perier, dans ses « Notes sur la ville d'Asnières », imprimées en septembre 1890, émettait déjà des doutes au sujet de l'attribution de ce sceau à Asnières (Seine).

AUBERVILLIERS

LA commune d'AUBERVILLIERS porte : au 1, de gueules, à trois besants d'or en pal ; au 2, d'argent, à la flèche de sable en pal.

L'écu surmonté d'une couronne murale de trois tours et posé sur un cartouche en forme de coquille.

Les besants sont une allusion au jeu de boules, très en faveur dans la région, et la flèche rappelle les compagnies de chevaliers de l'Arc, fort nombreuses jadis et dont quelques-unes existent encore, notamment à Aubervilliers. (Blason adopté en 1864.)

BOULOGNE

BOULOGNE *énonce ainsi son blason : taillé de gueules et d'azur, à la barque à l'antique d'argent, voguant sur des ondes de même et accompagnée, en chef, à dextre, d'un poisson en pal et, à sénestre, d'une fleur de lis, aussi d'argent.*

L'écusson est posé sur un cartouche et sommé d'une couronne murale de cinq tours.

Le point de départ de la plupart des sceaux et des blasons parisiens est l'antique barque conduite par les NAUTES, de la corporation des marchands de l'eau, et qui remonte à l'époque gallo-romaine. Tout le commerce se faisait par eau, et toutes les denrées nécessaires à la vie arrivaient par flottille sur la Seine.

Dans les armes de Boulogne adoptées le 14 février 1898, la nef ou barque rappelle la navigation et le commerce par eau ; c'est l'emblème symbolique servant à le désigner.

Sur le champ d'azur, la fleur de lis indique le « chef de France » et la fondation de Boulogne, jadis Saint-Cloud-les-Menus, ainsi que l'ancienne abbaye.

Le poisson sur champ de gueules est le symbole de la pêche et de l'ancienne poissonnerie qui
existait à l'époque de la fondation de Boulogne
et sa renommée dans la corporation des pêcheurs.

Les trois couleurs nationales sont représentées,
l'azur ou bleu dans le chef de France, le gueules
ou rouge par le champ et l'argent ou blanc par
les ondes sur lesquelles flotte le navire.

BOURG-LA-REINE

LES *armes de* BOURG-LA-REINE *sont : parti, au 1, d'azur à trois fleurs de lis d'or, qui est* DE FRANCE ; *au 2, d'hermine plain, qui est* DE BRETAGNE.

L'écu est sommé d'une couronne fleuronnée ouverte et entouré d'une cordelière.

Cet attribut est une allusion au nom de Bourg-la-Reine, car les reines veuves entouraient leur écusson d'une cordelière qui, par un jeu de mots : « J'ay le corps délié », symbolisait leur veuvage.

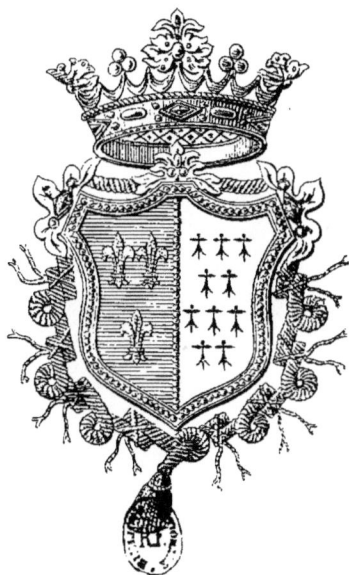

CHARENTON-LE-PONT

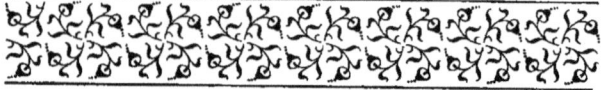

LA commune de CHARENTON *porte: d'azur, au pont de quatre arches, donjonné et girouetté d'argent, maçonné de sable, sur une rivière d'argent.*

Couronne murale de quatre tours.

Devise: PRÆSIDIUM ET DECUS.

L'écu posé sur un cartouche et entouré de branches de chêne et d'olivier.

*Ces armes sont empruntées à l'histoire de la commune; le pont, qui a donné son nom au pays et qui existe depuis la conquête romaine, était tout désigné pour devenir son emblème; il a été le théâtre de brillants faits d'armes contre les Normands, au IX*e *siècle, et contre les Anglais, au XV*e*; Henri IV, pendant la Ligue, en 1590, Condé, en 1649, à l'époque de la Fronde, puis, en 1814, les élèves de l'École d'Alfort qui tinrent un instant en échec les Autrichiens commandés par Giulay, y ont défendu les approches de Paris.*

Sur les registres des délibérations du Conseil municipal, on trouve que, le 30 novembre 1790, le Conseil général de Conflans a commis M. Fouquet, l'un de ses membres, à l'effet de convenir avec un

PRÆSIDIUM ET DECUS.

artiste graveur de la forme et des attributs à donner à un cachet pour l'usage de la municipalité. Ce graveur avait à présenter préalablement un dessin qui devait remplir le plus possible les conditions suivantes, ou autres équivalentes, savoir :

1° Une inscription portant ces mots :

Municipalité de Conflans-Charenton, Carrières, Grand'Pinte, etc.

2° Une autre inscription portant :

Département de Paris.

3° Un monument représentant le pont de Charenton.

4° Deux nymphes avec chacune une urne représentative de la Marne qui perd son nom à Charenton et de la Seine qui la reçoit à Conflans.

5° Des accessoires relatifs aux circonstances actuelles, comme l'épée surmontée du bonnet, emblème de la liberté, l'ancre, emblème de la force ou du genre de travail des gens de rivière, et la bêche, emblème des travaux champêtres.

Le 16 décembre 1790, M. Fouquet a rendu compte des démarches qu'il a faites pour aviser à la confection d'un cachet et a dit que l'artiste graveur auquel il s'est adressé a trouvé trop de difficultés à réduire en un petit espace toutes les conditions exigées et surtout qu'un seul cachet vrésentant la Marne et la Seine sous la figure de nymphes ne pourrait être exécuté avec les autres conditions, un pont et une trop grande quantité de lettres, qu'aux dépens de la netteté de l'objet au total, et au prix de 60 livres.

Le Conseil général, dans ladite séance du 16 décembre 1790, a autorisé l'exécution du cachet de la municipalité de Conflans en le réduisant aux conditions suivantes :

Une épée droite surmontée du bonnet de Liberté. Une ancre en sautoir avec une bêche et un nœud pour réunir les trois objets.

Il n'y aura point d'autres légendes en entourage que ce qui suit :

Conflans-Charenton, etc.,
Municipalité et Canton.

Au-dessous, en forme d'exergue, ces mots :

Du département de Paris.
et plus bas,

1790.

CHATILLON

HATILLON *porte : d'azur, au château donjonné d'argent, maçonné et ajouré de sable, sur une terrasse d'argent.*

Couronne murale.

L'écu posé sur un cartouche et entouré de branches de chêne et d'olivier.

La position stratégique de Châtillon l'a toujours destiné à porter un château fort ou un fort, suivant les temps, et le pays a tiré son nom de cette situation spéciale. De tout temps, les guerres ont eu Châtillon comme champ de bataille, que l'on remonte jusqu'à l'année 1417, où, au commencement d'octobre, le duc Jean II de Bourgogne y planta sa bannière et laissa ses soldats le piller, soit qu'on se reporte à des temps plus modernes, en 1815, où, le 27 juillet, l'armée du général Vandamme eut, près de la tour de Crouy, complètement disparue depuis la guerre de 1870-1871, un engagement très vif avec les Anglo-Prussiens. A la suite de ce combat, Châtillon fut occupé et pillé par les alliés.

Le 29 septembre 1870, les Prussiens parurent

sur le plateau de Châtillon où les Français avaient établi une redoute et l'occupèrent après un combat sanglant. La prise du village et l'investissement de Paris en furent les conséquences.

CLAMART

La commune de CLAMART porte : *d'azur, au chevron d'or, accompagné de trois roses d'argent, deux en chef, une en pointe.*

L'écu entouré de guirlandes de pampre, avec les raisins d'or.

Ces armoiries remontent à 1419 ; ce sont celles de l'ancien fief féodal de Clamart. A cette époque, la terre de Clamart appartenait à la famille de Livres, dont le chef était Jehan de Livres, seigneur de Sancy, de Clamart et de Villacoublay, échevin de Paris. Son fils, Henry de Livres, conseiller au parlement de Paris, fut prévôt des marchands, de 1460 à 1464. Dans la galerie des prévôts des marchands, à l'Hôtel de Ville de Paris, on voit ses armes sur le troisième vitrail, tout en haut de la fenêtre de gauche. Sur le cinquième vitrail de la même galerie, au milieu de la fenêtre, on trouve encore cet écusson. C'est celui de Nicole de Livres, qui fut aussi prévôt des marchands, de 1554 à 1556.

Vers la fin du XVIe siècle, le fief de Clamart

passa, peut-être par mariage, dans une autre famille d'échevins, la famille Desprez, qui conserva le blason sans aucune modification.

Ce blason était bien celui du fief et non pas de la famille. Le seigneur, pour le porter, devait, avant tout, être propriétaire de la terre de Clamart.

COURBEVOIE

LES armes de COURBEVOIE sont : d'azur, au pont à l'antique de trois arches d'or, sur une rivière d'argent ; au chef cousu de gueules, chargé d'un pavillon ouvert d'argent, accosté de deux grappes de raisin feuillées d'or.

L'écusson posé sur un cartouche, sommé d'une couronne murale de quatre tours et entouré de branches de chêne et d'olivier.

Devise entre la couronne et l'écu : CURVA VIA, MENS RECTA.

Le pont courbé et la devise sont une allusion à l'étymologie du nom de la commune ; le pavillon ou tente rappelle que Courbevoie est une ville de garnison, depuis l'érection au siècle dernier des casernes des Suisses, et les raisins témoignent d'une abondance de vignobles, disparus maintenant, mais qui jadis prolongaient ceux de Suresnes et dont la garde a donné lieu à plusieurs anciennes ordonnances.

CRÉTEIL

CRÉTEIL *porte dans son blason un écusson d'azur, à la fasce ondée d'argent, accompagnée en chef d'une croix pattée d'or, chargée d'un œil au naturel rayonnant d'or, et, en pointe, d'une grappe de raisin tigée et feuillée d'or.*

Couronne murale.

Devise : LABORE FIDEQUE.

L'écu posé sur la masse d'armes du chapitre de Notre-Dame de Paris, dont l'extrémité fait cimier, et entouré de branches de chêne et d'olivier.

La fasce ondée rappelle la traversée de la commune par la rivière de Marne ; le raisin fait allusion aux vignes du Mont Mesly, hameau dépendant de Créteil. La commune de Créteil ayant appartenu, au Xe siècle, à l'archevêché de Paris, il a semblé bon de rappeler cette particularité historique, en faisant figurer derrière ses armoiries la masse du chapitre de Notre-Dame.

Quant à la devise : LABORE FIDEQUE, *elle a été empruntée aux armoiries ornant encore la grille d'entrée de l'ancien château archiépiscopal, rue des Mèches.*

LABORE FIDEQUE

FONTENAY-SOUS-BOIS

FONTENAY-SOUS-BOIS *a comme blason un écusson d'or, au chêne de sinople, fruité d'or, sur une terrasse de sinople, à la rivière d'argent en fasce; au chef d'azur, chargé d'un rais d'escarboucle d'or, pommeté et fleuronné d'or.*

Le chêne rappelle le bois de Vincennes, la rivière les sources nombreuses du territoire qui ont donné leur nom à la commune, et le chef représente les armes de l'abbaye de Saint-Victor, dont le prieur fut seigneur du pays, depuis l'année 1113 jusqu'en 1789.

QUERNO SUB TEGMINE FONTES

GENTILLY

ENTILLY porte : d'hermine, à la fasce
ondée d'azur, accompagnée en pointe
d'un livre fermé de gueules, chargé d'un
B d'or ; au chef parti de deux traits : au 1, d'azur
au chevron d'or, accompagné de 3 croisettes
pattées du même, 2 en chef, 1 en pointe, qui
est DE NEUFVILLE DE VILLEROY ; au 2, d'argent,
au chevron de gueules, accompagné de 7 merlettes
du même, 4 en chef, en deux pals, et 3 en pointe,
mal ordonnées, qui est D'AUMONT ; au 3, d'azur, au
siège à l'antique d'or.

Couronne murale de quatre tours.

Devise: GENTIL SOYEZ, GENTIL SERAI.

L'écu posé sur un cartouche et entouré de
branches de chêne.

La fourrure d'hermine rappelle l'industrie des
peaux sur la Bièvre, qui est elle-même figurée par
la fasce ondée d'azur ; le livre chargé d'un B est en
mémoire du poète Isaac de Benserade, auteur
d'un grand nombre de poésies et de la plupart des
ballets dansés pendant la jeunesse de Louis XIV
et où le roi figurait souvent ; né en 1612 à Lyons-
la-Forêt, en Normandie, il se retira à Gentilly

Gentil soyez + Gentil serai

dans une maison de campagne qui lui appartenait et y mourut en 1690.

Les armes accolées de Neufville de Villeroy et d'Aumont étaient celles du seigneur du lieu et figurent sur un plan cadastral du siècle dernier que possède encore la commune; le siège à l'antique est le souvenir du séjour de Dagobert.

KREMLIN-BICÊTRE

REMLIN-BICÊTRE *porte : de gueules, au Kremlin d'argent sur une terrasse de sinople ; au chef cousu d'azur, chargé d'une tour accostée de deux merlettes, le tout d'or.*

Couronne murale de quatre tours.

Cimier : Une roue de carrier.

Devise : LIBERTAS, PAX, LABOR.

L'écu accompagné à dextre d'une branche d'olivier et à sénestre d'une branche de chêne réunies par la cocarde tricolore.

La forteresse du Kremlin rappelle que la commune a tiré son nom d'une enseigne portée sur l'une des rares habitations de cet endroit, en 1813. La tour, c'est la ville de garnison ; les oiseaux ou merlettes sont empruntées à Gentilly, d'où Kremlin-Bicêtre a été détaché en 1896. Le pays de carrières où se trouve la commune est figuré par la roue de carrier qui forme cimier.

LIBERTAS PAX LABOR

LES LILAS

LES Lilas *ont pour armes un écusson en forme de bouclier à l'antique, tranché de gueules et d'azur, à la bande d'argent chargée de six fleurs de lilas au naturel, posées en pal, deux par deux, brochant sur la partition.*

Devise : J'ÉTAIS FLEUR, JE SUIS CITÉ.

L'écu posé sur une branche de lilas fleurie.

Les couleurs de l'écusson sont un hommage au drapeau tricolore, et le nom de la commune a fourni les fleurs de la bande, la branche de l'écusson, et la devise rappelle que la commune a été créée dans un bois de lilas, qui a fait partie, jusqu'en 1867, de la commune de Romainville.

J'étais Fleur Je suis Cité.

MONTROUGE

MONTROUGE *porte : d'azur, au soleil d'or, ou, plus exactement, à l'étoile à trente-quatre rais d'or.*

L'écu sommé d'une couronne murale de quatre tours et accompagné à dextre et à sénestre de guirlandes de roses nouées à un thyrse placé horizontalement entre la couronne et l'écusson.

Devise : LEX ET PATRIA.

La commune a repris, en 1887, ces armes qui dataient du 13 juin 1790, en modifiant la devise qui était à l'origine : REX ET PATRIA.

LEX ET PATRIA

NEUILLY-SUR-SEINE

NEUILLY-SUR-SEINE *porte : de gueules, au pont d'or, accompagné d'un vaisseau d'argent, soutenu d'une mer de même; au chef cousu d'azur, chargé de trois fleurs parmentières d'or.*

Couronne murale.

Devise : PRÆTERITIS EGREGIA, QUOTIDIE FLORESCIT.

L'écu entouré à dextre de roseaux, à sénestre de branches de fleurs parmentières.

Le souvenir des armes de Paris se trouve dans le fond de gueules, le chef cousu d'azur et le vaisseau d'argent sur des ondes de même. Le pont est le premier qui ait été construit à tablier droit ; il fut édifié, de 1768 à 1774, par Chezy et Dumoutier, d'après les projets et sous la direction de Rodolphe Perronet, à qui Neuilly a élevé récemment une statue. En le construisant dans l'axe des Champs-Élysées et en ouvrant l'avenue de Neuilly, restée, jusqu'alors, une impasse, on donna à Paris une entrée triomphale. Percé de cinq arches et long de 240 mètres, il remplaça définitivement un vieux pont de bois, près duquel,

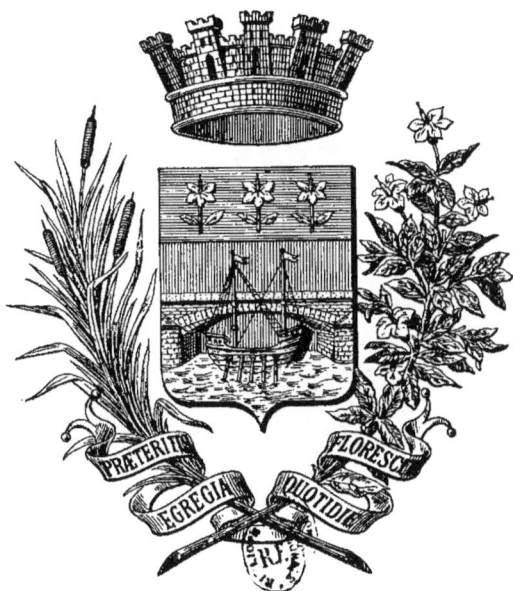

PRÆTERITI · EGREGIA · FLORESC · QUOTIDIE

le 26 novembre 1654, les chevaux du duc de Roannès s'emportèrent et le précipitèrent avec son ami, Blaise Pascal, dans la Seine. Ce pont avait été construit pour supprimer le bac qui chavira en 1606 et pensa faire noyer Henri IV et Marie de Médicis, sans le secours de deux courtisans qui les sauvèrent.

Les fleurs parmentières du chef et de l'entourage de l'écu rappellent que c'est dans les plaines de Sablonville que Parmentier fit ses premières plantations, qui rencontrèrent tant d'hostilités que Louis XVI, pour les faire cesser, porta un jour à sa boutonnière des fleurs du tubercule alors si méprisé.

Les roseaux sont ceux des bords de la Seine.

La devise : Illustre par son passé, elle devient de jour en jour plus florissante, constate l'embellissement et l'agrandissement toujours en marche de la commune.

NOGENT-SUR-MARNE

N OGENT-SUR-MARNE *porte dans son blason:* *de gueules, à un N gothique d'or, surmonté d'une étoile du même et accosté de deux tours d'argent, ajourées et maçonnées de sable; le tout soutenu d'une rivière d'argent, mouvante de la pointe de l'écu; au chef cousu d'azur, semé de fleurs de lis d'or, qui est* DE FRANCE ANCIEN.

Couronne murale de quatre tours.

Devise: BEAUTÉ, PLAISANCE.

Ces armes parlantes rappellent la position de Nogent sur la Marne, entre les deux anciens châteaux royaux de Beauté et de Plaisance. Le chef de France ancien est en mémoire des séjours des rois de la troisième race.

En 1790, la municipalité avait adopté un sceau où se voyaient deux épis en sautoir d'où pendait une grappe de raisin, le tout accompagné de trois fleurs de lis, une en chef, une à dextre, une à sénestre, avec entourage de branches de chêne et, en exergue: MUNICIPALITÉ DE NOGENT-SUR-MARNE—1790.

La première idée des armes actuelles se

trouve dans la notice publiée par la commune,
en 1865, après l'érection du tombeau de Watteau
(15 octobre). Elles avaient été dessinées en fleurs
dans la salle du banquet, par M. Chenault,
jardinier de la princesse de Salm.

PANTIN

P ANTIN *porte : d'argent, à la croix de gueules, cantonnée de quatre molettes d'éperon du même.*

Couronne murale.

Devise : HARDY, PANTIN, EN AVANT.

L'écu posé sur un cartouche et entouré de branches de chêne et d'olivier.

Ces armes sont celles des anciens seigneurs de Pantin.

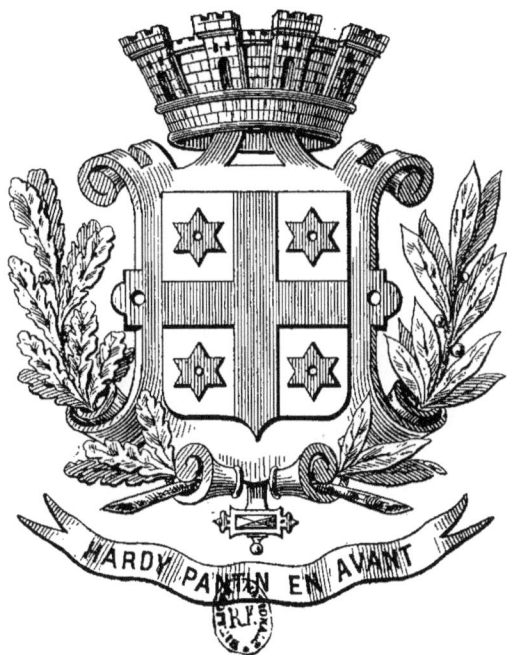

HARDY PANTIN EN AVANT

LE PERREUX

E PERREUX *porte dans son blason : écartelé, au 1 de gueules, au cor lié d'argent, au chef cousu d'azur, chargé de deux fleurs de lis d'or ; au 2, de sable, à trois étoiles d'or en fasce, surmontées d'une couronne de baron au naturel ; au 3, d'azur, au viaduc à trois arches sur une rivière, le tout d'argent ; au 4, de gueules, à la chaîne de quatre anneaux au naturel, les deux anneaux du milieu rompus, mise en pal.*

Devise : RÉSISTANCE VAULT PLUS QUE FORCE. *L'écu entouré de branches de chêne.*

Le cor d'argent et les fleurs de lis d'or sont un souvenir des rendez-vous de chasse des rois Charles V et Charles VII (1370-1461), et de la mort de Charles V qui, tombé malade à Plaisance, se fit transporter au château de Beauté-sur-Marne et y expira le 16 septembre 1380. En 1817, Georges-Marie-Jérôme Millin du Perreux fut créé baron; c'est l'explication de la couronne de baron qui figure au second quartier; les étoiles d'or sont les armes du baron de Beaufranchet de La Chapelle, héritier du baron du Perreux. Le viaduc construit, en 1852, sur la Marne, à l'extrémité

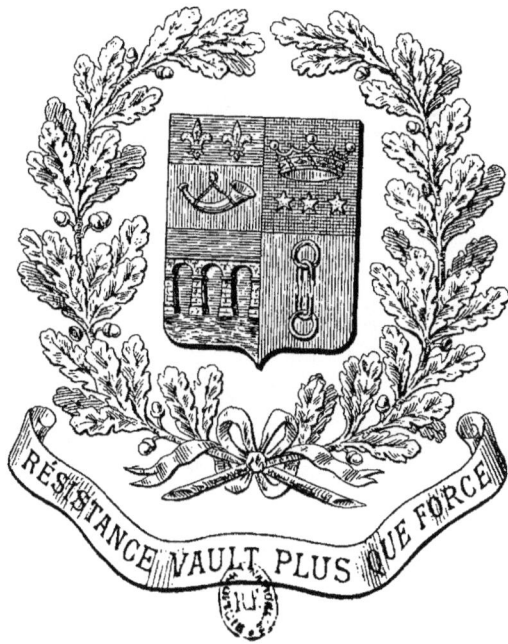

RÉSISTANCE VAULT PLUS QUE FORCE

du territoire, figure au troisième quartier. La
séparation du Perreux d'avec Nogent-sur-Marne,
qui date de 1887, mais qui était demandée depuis
longtemps, se trouve exprimée par le symbole de
la chaîne rompue en deux parties, du quatrième
quartier, et par la devise : RÉSISTANCE VAULT
PLUS QUE FORCE.

PUTEAUX

Es armes de PUTEAUX sont des plus simples: elles se composent uniquement d'un écusson d'azur à trois fleurs de lis d'or, chargé en cœur d'un écusson cousu de gueules, à trois besants d'argent.

SAINT-DENIS

La ville de SAINT-DENIS porte : d'azur, semé de fleurs de lis d'or, sans nombre, qui est DE FRANCE ANCIEN.

Couronne fleurdelisée ouverte.

Devise, entre la couronne et l'écu : MONTJOYE SAINT-DENYS.

Ce blason remonte fort loin dans l'histoire ; mais aucun document officiel ne le mentionne d'une façon indiscutable avant l'année 1750, où il figure sur une affiche interdisant aux habitants de laisser les poules vaguer dans les rues.

L'ancien cri de guerre des troupes royales, qui surmonte l'écusson, signifie : Suivons l'oriflamme. Le mot Montjoye, qui servait à indiquer dans les campagnes les chemins à suivre, s'employait pour figurer l'étendard qui se portait à la tête de l'armée.

L'armorial national de France, publié en 1843 par H. Traversier, change le blason en lui ajoutant un chef d'argent, chargé du cri : MONTJOYE SAINT-DENYS en lettres gothiques de sable ; c'était probablement une modification de l'ancien chef de gueules, chargé de trois abeilles d'or, que Saint-Denis avait dû prendre sous le premier Empire.

MONT-JOYE ST DENYS

En 1816, la ville avait été autorisée à reprendre ses armoiries d'avant la Révolution et toutes les administrations municipales qui se sont succédé ont toujours adopté sans modifications le blason tel que nous le reproduisons.

SAINT-MAUR-DES-FOSSÉS

SAINT-MAUR-DES-FOSSÉS *porte dans son blason un écusson d'azur, à la bande d'or, accompagnée en chef d'un glaive antique d'argent en bande, contourné d'une anguille d'argent, et, en pointe, d'une abbaye surmontée d'un coq, le tout d'argent; l'écu posé sur un cartouche, sommé d'une couronne murale de trois tours et entouré de branches de chêne.*

La boucle de Marne, qui fait de Saint-Maurdes-Fossés une véritable presqu'île, est figurée par l'anguille.

Le glaive romain et le coq gaulois attestent l'antique origine de la commune et l'abbaye de Saint-Maur sa suprématie ancienne sur tout le pays.

SAINT-MAURICE

A commune de SAINT - MAURICE a des armes parlantes qui sont : de gueules, au cavalier romain de carnation, monté sur un cheval de même et tenant une banderole chargée d'une croix, passant sur une terrasse de sinople, à la rivière d'argent en fasce.

Couronne murale de quatre tours.

Devise : GLORIA SANCTO MAURITIO.

L'écu accompagné à dextre de nénuphars et de roseaux et, à sénestre, d'une branche de chêne.

Le cavalier, chef de la légion thébaine, s'explique de lui-même; la fasce d'argent c'est la Marne, dont les plantes d'eau entourent l'écusson, ainsi que les chênes du bois de Vincennes.

Gloria Sto Maurizio

SAINT-OUEN

ES armes de SAINT-OUEN s'énoncent ainsi : d'azur, à douze soleils d'or, posés 2, 3, 2, 3, 2 et à treize étoiles aussi d'or, posées 3, 2, 3, 2, 3.

L'écu surmonté d'une couronne murale à cinq créneaux, entouré du collier de l'ordre de l'Étoile et accompagné de sa devise :

MONSTRANT REGIBUS ASTRA VIAM.

C'est à Saint-Ouen, dans sa noble maison, que, le 6 novembre 1451, le roi Jean II institua l'ordre de l'Étoile, premier ordre royal, qui devait comprendre cinq cents chevaliers. Ce grand nombre n'en augmenta pas l'éclat et il tomba peu à peu dans le dédain des seigneurs.

Tout le blason de Saint-Ouen est emprunté à ce souvenir historique.

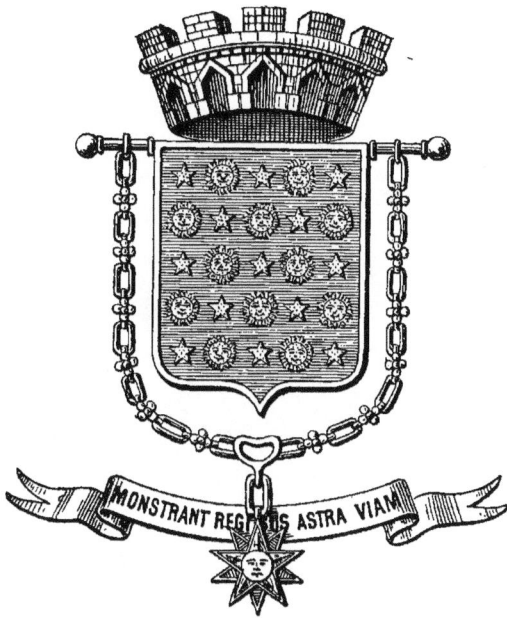

MONSTRANT REG...IS ASTRA VIAM

SCEAUX

L<small>A</small> ville de S<small>CEAUX</small> porte : écartelé : au 1er, d'or, à la couleuvre d'azur ondoyante en pal, qui est de C<small>OLBERT</small> ; au 2e, d'azur, à trois fleurs de lis d'or, posées 2, 1, au bâton de gueules péri en barre, qui est D<small>E</small> B<small>OURBON-DU-MAINE</small> ; au 3e, d'azur, à trois fleurs de lis d'or, posées 2, 1, au bâton de gueules péri en barre, qui est D<small>E</small> B<small>OURBON-PENTHIÈVRE</small> ; au 4e, contre-écartelé : au 1er et au 4e, d'or au buste de cheval de sable, celui du 1er contourné ; au 2e, d'azur, au dextrochère d'or, armé d'une épée d'argent, mouvant de sénestre ; au 3e, d'azur, au dextrochère de même, mouvant de dextre ; au chef de gueules semé d'étoiles d'argent, qui est de M<small>ORTIER DE</small> T<small>RÉVISE</small> ; sur le tout de gueules, à l'S majuscule d'or.

Devise : I<small>N MEMORIAM BENEFACTORUM</small>.

L'écu, posé sur un cartouche, sommé d'une couronne murale de cinq créneaux et entouré de branches de laurier, à dextre, et de chêne, à sénestre.

En adoptant ces armoiries qu'explique la devise : En mémoire des bienfaiteurs, la com-

IN MEMORIAM BENEFACTORVM

mune a voulu rappeler le souvenir des principaux possesseurs de la terre et du château de Sceaux ; les *Potier de Gesvres*, seuls, ont été exceptés ; l'autorisation d'emprunter les armes de la famille de Trévise avait été gracieusement concédée, en *1865*, à M. C. Guyon, maire de Sceaux, par le duc de Trévise, fils du maréchal Mortier.

VINCENNES

INCENNES *a adopté un écu à l'antique de gueules, au château fort d'argent maçonné et ajouré de sable, adextré et sénestré d'un mur sur une terrasse et accompagné de trois boulets mal ordonnés, le tout d'argent; au chef cousu d'azur, semé de fleurs de lis d'or, qui est* DE FRANCE ANCIEN, *posé sur un cartouche sommé d'une couronne murale de quatre tours et entouré de branches de chêne.*

Le château fort est la reproduction du donjon qui a fait l'illustration de Vincennes; les trois boulets symbolisent la garnison d'artillerie; le chef cousu de France ancien rappelle le séjour des rois de France, et le champ de gueules est un souvenir des armes de Paris.

Le bois de Vincennes se retrouve dans les branches de chêne qui encadrent le cartouche.

TABLE

CE
VOLUME
A ÉTÉ COM-
POSÉ, IMPRIMÉ
ET BROCHÉ PAR
LES PUPILLES DU
DÉPARTEMENT DE LA SEINE
ÉLÈVES DE L'ÉCOLE
D'ALEMBERT A
MONTÉVRAIN
PENDANT
L'ANNÉE
1930